Xbre. 1626.

EDICT DV ROY,

PORTANT CREATION DE
trois Offices de Côseillers Receueurs
Payeurs des Gages & droicts des Tresoriers de France, & trois Conseillers Receueurs Payeurs des Gages &
droicts des Officiers des Elections.
Auec attribution ausditsReceueurs &
Payeurs de six deniers pour liure de
taxation à eux hereditairement attribuez par le present Edict.

Verifié en la Chambre des Comptes le 23. De-
cembre 1626. & en la Cour des Aydes le 28.
Iuin mil six cens vingt-sept.

A PARIS,
Par ANTOINE ESTIENE, P. METTAYER,
& C. PREVOST, Imprimeurs
ordinaires du Roy.

M. DC. XXVII.
Auec Priuilege de sa Majesté.

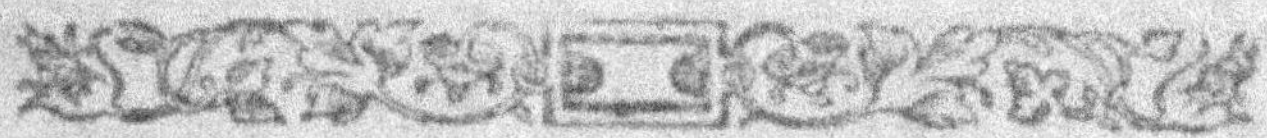

OVIS, par la grace de Dieu, Roy de France & de Nauarre, A tous presens & à venir, Salut. La necessité des despéses surnenuës és années precedentes en ce Royaume pour diuerses causes de tresgrande importance, Nous ayant obligé à la creation de plusieurs Offices, tant és Bureaux de nos Finances de nos Generalitez, Elections en chef en dependantes, qu'és paroisses du ressort desdites Elections contribuables à nos tailles : Et ces creations venuës à vn tel nombre d'Offices, & les gages & droicts des Officiers à telle somme, qu'à present les Receueurs generaux de nos Finãces, & les Receueurs des Tailles, chacun endroit soy, se trouuent dauantage occupez pour le payemét des gages & droicts desdits Officiers & autres charges de leurs Receptes, qu'à faire porter nos deniers en nosdites Receptes generales, & en nostre Espargne : Mesme par ceste occupation sont si distraits du soin qu'ils doiuent auoir du recourement de nosdits deniers, qui est la principale function de leurs offices, que souuent ils ne sont voitturez en nostredite Espargne, que quatre & cinq mois apres les quartiers expirez. D'ailleurs nous voyans forcez à faire quelque vtil reglement, pour pouruoir aux plaintes continuelles que nous receuons des vexations indeuës que souffrent les Collecteurs de nos Tailles, à cause des facultez par nous octroyées aux possesseurs des Commissaires particuliers des viures, Gref-

ſes des Elections , places de Clercs , Gardes du
petit ſeel , Greffiers des Affirmations , des Commiſſaires des Tailles & autres , de receuoir leurs
droicts par les mains deſdits Collecteurs , leſquels
ou leurs Procureurs , au lieu de conuenir enſemble ſuiuant l'Arreſt de reglement intreuenu en
noſtre Conſeil le 11. iour de Mars 1623. d'vne ſeu-
le perſonne en chacune Election , pour faire le
recouurement de leurs droicts , veulent que leſdits Collecteurs les portent à chacun en leur par-
ticulier ou leurs Procureurs , en la ville du Bureau
de l'Election , & de quartier en quartier , & s'ils
manquent , decernent leurs contraintes ſur eux ,
qu'ils font executer ſi rigoureuſement , que pluſieurs deſdits Collecteurs en ſont ruinez : Telle-
ment que tous les habitans des paroiſſes , tant
pour la crainte deſdites contraintes , que pour
auoir à ſatisfaire à vn ſi grand nombre de perſon-
nes , au lieu d'vn ſeul Receueur des Tailles auquel
ils auoient accouſtumé de porter tous leurs deniers , refuſent ladite charge de Collecteur , & n'y
entrent qu'auec peine & par côtrainte : En quoy
leſdits poſſeſſeurs deſdites charges & droicts ſe
meſprennent eux meſmes , dautant que croyans
par ceſte voye iouïr de leurſdits droicts auec plus
de ſeureté , ne conſiderent pas que rendans par cé
procedé extraordinaire , les Collecteurs inſolua-
bles , ils courent hazard de ſouffrir de grandes
non-ualeurs & diminutions ſur leurs droicts.
Sçavoir faiſons , que ces inconueniens meuré-
ment conſiderez en noſtre Conſeil , enſemble le
beſoin que nous auons de pouruoir prôptement
à l'vrgente neceſſité de nos affaires , De l'Aduis de
la Royne noſtre tres-honorée Dame & Mere , de

noftre tres-cher Frere vnique le Duc d'Orleás,
des Officiers de noftre Courône, & autres gráds
& notables perfonnages de noftredit Confeil,
& de noftre certaine fcience, pleine puiffance &
authorité Royale, Nous auons par le prefent
Edict perpetuel & irreuocable, creé & erigé,
creons & erigeons en chef & tiltre d'Office
formé, en chacun Bureau de nos Finances efta-
bly en chacune generalité de ce Royaume,
trois nos Confeillers Receueurs & Payeurs
des gages, droicts debufche, de prefence, d'efpices & autres droicts, de nos amez & feaux Cô-
feillers les Prefidens Treforiers de France
& Generaux de nos Finances, enfemble des
gages des Greffiers & Huiffiers defdits Bureaux : Et en chacune Election en chef, trois
nos Confeillers Receueurs & Payeurs des
gages, droicts de cheuauchées, de taxations,
des creuës ordinaires & extraordinaires, droits
d'efpices, de calcul & fignatures de roolles &
de bordereaux, des Prefidens, Lieutenans,
Eleus, de nos Aduocats, Procureurs & Huiffiers, foit que les droicts attribuez aufdites
charges & offices fe trouuent entierement pof-
fedez par les acquereurs d'iceux, ou par autres,
referué les taxations des Receueurs des Tailles
& Taillon, droicts de quittances, & des baux
des Aydes. Aufquels Offices prefentement
creez, fera par nous dés maintenant pourueu
de perfonnes capables, & cy-apres, lors que
vacation y efcherra par mort, forfaicture & re-
fignation : lefquelles exerceront lefdits offices
de trois années vne, & succeffiuement l'vne
apres l'autre : & iouïront des mefmes exem-

ptions de tailles, taillon & creuës, priuileges & immunitez, que nos Officiers des Bureaux des Finances & d'Elections de leur establisse-ment, encores qu'ils ne soyent cy par le menu specifiez; au corps desquels nous les auons vnis & incorporez, vnissons & incorporons: & à ceste fin, auront entrée esdits Bureaux en l'année de leurdit exercice. A chacun desquels Offices, nous auons attribué pour gages par année, dont sera laissé fonds és Estats generaux de nos Finances, & particuliers des Tailles, Sçauoir aux Receueurs & Payeurs des gages des Officiers desdits Bureaux de nos Finances, la somme de deux mil liures chacun : le fonds desquels gages & de ceux des Officiers desdits Bureaux, reserué pour les Controolleurs gene-raux de nos Finances qui seront payez com-me il est accoustumé, sera mis & deliuré de quartier en quartier, & six semaines apres cha-cun d'iceux escheu, par les Receueurs Gene-raux de nosdites Finances, és mains desdits Re-ceueurs & Payeurs des generalitez, en vertu de leurs simples quittances controollées desdits Controolleurs generaux, que nous voulons seruir de descharge valable ausdits Receueurs generaux de nos Finances à la reddition de leurs estats & comptes. Et pour les Receueurs Payeurs des gages & droicts des Officiers de nosdites Elections, Nous auons attribué & attribuons neuf cens liures tournois de gages par an à chacun de ceux des Elections où les Eleus ont cinq cens liures de gages, & au des-sus, & six cens liures de gages à chacun des au-tres, & outre six deniers tournois pour liure de

taxation en l'année d'exercice de ce que montera la recepte actuelle qu'ils feront desdits
droicts d'espices, de signatures de roolles & de
boidereaux. Le fonds desquels gages, ensemble ceux des autres Officiers des Elections, des
droicts de cheuauchées, taxations & des espices, façon & reddition de comptes desdits Receueurs & Payeurs, sera employé en vn seul ar-
ticle, sous le nom desdits Payeurs au chapitre
des charges de chacune recepte generale de
nos Finances & particulieres des Tailles, Aydes & Taillon, & payé de quartier en quartier,
& six semaines apres estre escheu, par les Receueurs de nos Tailles en exercice, és mains desdits Receueurs & Payeurs : comme aussi nous
voulons que les Receueurs particuliers du
Taillon & des Aydes, ou les Fermiers, leur de-
liurent en vertu de leursdites quittances, ce
qu'ils ont accoustumé payer ausdits Presidens,
Lieutenans & Eleus, soit pour gages, droicts de
cheuauchées ou autres causes, aussi de quartier
en quartier. Et afin de soulager les Collecteurs
de nos Tailles, du grãd trauail & despéses qu'ils
ont supportées iusques icy au payement des
droicts par nous alienez en chacune Election
à diuerses personnes, pour raison dequoy nous
auons fait en nostre Conseil le 11. Mars 1623. le
reglement cy attaché sous le contreseel de nostre Chancellerie ; Nous auons attribué & attribuons par le présent Edict, ausdits Receueurs
& Payeurs seuls, la faculté de receuoir desdits
Collecteurs, tous les droicts par nous cy-deuãt
attribuez ou alienez sur les deniers de nos
Tailles, aux Cõmissaires particuliers des viures,

aux Greffiers desdites Elections , Greffiers des
Affirmations, des Presentations, Gardes des petits Seaux, & Maistres Clercs, pareillemét pour
les droicts des premiers & seconds offices de
Cômissaires des Tailles des paroisses , encores
que par nostredit reglement, les droicts du pre-
mier creé soyent exceptez d'iceluy: & generalement tous les droicts qui de la mesme sorte
pourront estre à l'aduenir par nous & nos suc-
cesseurs vendus & alienez , sans qu'autres personnes y puissent estre nommées & commises
par les proprietaires. L'interest desquels desirât
aussi conseruer , nous voulons que lesdits Receueurs & Payeurs prennent leurs procuratiõs,
afin de faire en vertu d'icelles lesdits recouure-
mens , & s'obligent d'en compter enuers eux
comme de Clerc à Maistre, & non en nos Châ-
bres des Comptes, dont en tant que besoin est
ou seroit, nous les auons dispensez & deschar-
gez , dispensons & deschargeons par cesdites
presentes , & defendons à nosdites Chambres
d'en prendre cognoissance conformément à
nos Edicts & Arrests de nostredit Conseil , aus-
quels nous n'entendons déroger , ains simple-
ment pourueoir à la perception desdits droicts
au soulagemét desdits Collecteurs. Sur lesquels
Receueurs & Payeurs , nous entendons que
les proprietaires desdits droicts alienez, ayent
pareil droict de contrainte apres le temps de
payement porté par nostredit reglement, qu'ils
ont contre les Collecteurs des Tailles par nos-
dits Edicts. Et pour les peines, salaires & vaca-
tions du recouurement des droicts susdits par
nous alienez aux particuliers en chacune
Election,

Election, mesme de ceux de signatures de roolles & de bordereaux, espices, & generalement
tous droicts horsmis des gages, Nous leur auons attribué six deniers tournois pour liure, à raison de
ce que montera leur maniement, qu'ils retiendront
par leurs mains de quartier en quartier, sur les deniers des droicts dont ils feront le recouurement,
à la charge de payer à chacun desdits Officiers &
proprietaire desdits droicts, ce qui leur reuien-
dra, aussi de quartier en quartier, & dans les temps
& lieux par nous prescrits par le susdit Arrest de
Reglement du 11. Mars Et d'autant qu'en esta-
blissant les Commissaires des Tailles, il leur a
esté prescrit de faire les roolles des Paroisses,
estimans que lesdits Offices qui estoient petits, se-
roient leuez par gens residens sur les lieux qui les
exerceroient en personne, au soulagement des Asseeurs, Collecteurs de nos Tailles : Neantmoins
lesdits Offices ayans esté vendus à personnes hors
du ressort desdites Paroisses, & mesme plusieurs
desdits Offices ensemble, à vne mesme personne, &
iusques à des Elections entieres, & auec pouuoir
d'y commettre pour l'exercice ; Ladite faculté de
commettre, se trouuant dommageable aux Collecteurs, aussi bien que la charge de faire les roolles
ausdits Commissaires, Nous aurions par Arrest de
nostre Conseil du   iour de
           pour ce qui regardoit la Normandie, lais-
sé à la liberté desdits acquereurs de se départir de
la confection desdits roolles, & en laisser le soin
ausdits Collecteurs, pour estre faicts par telles personnes qu'ils aduiseroient, en leur donnant pour
y satisfaire, vn sol pour liure des droicts desdits
Commissaires. Ce que lesdits Asseeurs ayants trou-

ué vtile , & au foulagement de leurs Paroiſſes,
& d'eux-meſmes , ſe voyants dégagez de pluſieurs
frais & incommoditez qu'ils rencontroient pour
ſe trouuer auec leſdits Commis, & empéchez en
la liberté d'impoſer à la Taille ceux qui la peuuent
le mieux porter, & bien ſouuent leſdits Commiſſaires ou leurs Commis meſmes tenans la plume
ſe rendent conſiderables pour y pouruoir : Et ſur
le different meu entre les premiers Commiſſaires,
qui pretendent que les ſeconds qui ne les auront
rembourſez , doiuent faire les roolles en leur année ſuiuant l'Edict de leur creation : lequel different apporte encores vn nouueau preiudice auſ-
dits Collecteurs, & vn retardement à l'aſſiette de la
Taille; & ayant eſté deſia ordonné par l'Edict des
Commiſſaires alternatifs, que les Collecteurs por-
teront leurs droicts aux Villes des Elections , comme les autres par nous alienez, afin de ſoulager
leſdits Collecteurs & Aſſeeurs , en leur laiſſant la
liberté de faire faire les roolles par qui bon leur
ſemblera , comme nous leur auons laiſſé la faculté
de les pouuoir executer ſans miniſtere de Sergens:
Nous auons par ce meſme Edict actuellement deſ-
chargé leſdits acquereurs & proprietaires des Offices de Commiſſaires des Tailles tant anciens
qu'alternatifs, de la façon des roolles des Tailles à
l'aduenir , leur faiſant defenſes de s'y plus entre-
mettre : Et moyennant ce , leſdits Collecteurs &
Aſſeeurs retiendront à l'aduenir par leurs mains
vn ſol tournois pour liure du reuenu deſdites Offices , pour leur indemnité , de la façon deſdits roolles , & feront auſſi tenus de porter le ſurplus deſdits
droicts de quartier en quartier , ſix ſemaines apres
chacun quartier écheu, en la Ville de l'Election, és

mains de celuy ordonné pour faire le recouurement de tous les droicts alienez, ayant pour ce regard, dérogé & dérogeons aux Edicts de creation
desdits Commissaires qui demeurent toutesfois en
leur entier. Et pour donner moyen ausdits Receueurs & Payeurs de paruenir audit recouurement,
Nous leur permettons de decerner leurs contraintes sur les Collecteurs de nos Tailles & autres,
ainsi & en la mesme forme qu'il est permis & ordonné aux Receueurs de nos Tailles & Taillon
pour nos deniers & affaires. Et pour plus grande
seureté desdits acquereurs & possesseurs desdits
droicts, Nous auons rendu & rendons hereditaires
lesdits six deniers tournois pour liure de taxation
attribuez par le present Edict, ausdits Receueurs
& Payeurs. Voulons que vacation aduenant par
mort de leurs Offices, ou lors que les resignations
en seront taxées, que lesdits droicts & taxations de
six deniers pour liure en soient exceptez, & demeurent en pleine & entiere disposition des vefues, heritiers, & ayans cause des pourueus desdits
Offices, iusques à ce qu'ils soient rembourses de la
Finance payée pour lesdites taxations, selon qu'el-
le sera reglée pour la taxe qui sera faicte en nostre Conseil desdits Offices, & specifiée és quittances de nos parties casuelles. Et pource que lesdits
droicts ne peuuent estre valablement receus, ny
seurement pour les acquereurs d'iceux, que par
ceux qui seront pourueus desdits Offices, Nous
voulons & entendons que lors que vacation par
mort y escherra, ceux qui les leueront en nosdites
parties casuelles, ou qui autrement pourront en
estre pourueus, seront tenus de rembourser dans
deux mois, à compter du iour qu'ils auront obte-

nu lefdits Offices, les vefues, heritiers, ou ayans
caufe des decedez, de ladite Finance payée pour
ladite attribution de fix deniers tournois pour liure de taxation, dont ils joüyront auffi fous les
mefmes facultez : Et à faute de faire ledit payement dans ledit temps, iceluy paffé, & apres vne
fimple fommation faicte à la perfonne ou domici-
le des pourueus defdits Offices, lefdites vefues &
heritiers ou ayans caufe, pourront faire contrain-
dre lefdits pourueus au payement de ladite Finance par les voyes ordinaires & accouftumées pour
nos deniers & affaires, en vertu du prefent Edict,
fans qu'il leur foit befoin d'autres Lettres. Permettons aux pourueus defdits nouueaux Offices de
joüyr du benefice de la difpenfe des quarante iours,
ainfi que nos autres Officiers de ce Royaume, fans
neantmoins qu'ils foient tenus à payer aucune ad-
uance ny preft pour le temps qui refte à expirer
des neuf années portées par nos Lettres de Decla-
ration du 22. iour de Feurier 1621. Et dautant que
le maniement que feront lefdits Receueurs &
Payeurs de nos deniers, eft de fomme modique, &
payable fur le lieu de leur eftabliffement, de quartier en quartier, Nous les auons difpenfez & defchargez de bailler caution pour raifon de leurdit
maniement tant & fi longuement que le benefice
de ladite difpenfe des quarante iours aura lieu. Et
pour le regard des deniers prouenans des droicts
defdits proprietaires, lefdits Receueurs & Payeurs
demeureront pareillement defchargez de leur
bailler caution, attendu l'heredité defdites taxations, & l'affectation particuliere de la Finance de
l'attribution d'icelles, pour la feureté defdits proprietaires, outre le corps de leurfdits Offices, qui

leur demeurera affecté côcurremment auec Nous.
Et s'il aduient que pour le bien de nos affaires &
soulagement de nostre peuple, Nous apportions
quelque changement au faict desdits droicts,qui di-
minuë de quelque somme considerable le reuenu
de ladite taxation, sera par Nous pourueu d'indemnité & recompense aux pourueus desdits Offices,
à cause de ladite diminutiô, soit en les rembourfant
de leurs deniers financez en nos coffres, ou les fai-
sant joüyr de pareil reuenu sur les deniers de nos
Tailles, que ce que monteront lesdites taxations
de six deniers pour liure en l'année de leur exercice. Et s'il aduient que ceux qui leueront lesdits
Offices, soient en exercice d'autres charges qu'on
pourroit estimer incompatibles, ne laisseront d'e-
stre admis & receus ausdits Offices de Receueurs
& Payeurs, & ne seront neantmoins contraints à
resigner ny se demettre de l'vn desdits Offices, si-
non lors que bon leur semblera: Et leur permettons de commettre à l'exercice desdits Receueurs
& Payeurs personnes capables dont ils respon-
dront, qui ne joüyront d'aucuns desdits priuileges
ny immunitez. SI DONNONS EN MAN-
DEMENT, à nos amez & feaux Conseillers, les
gens de nos Comptes & de nos Aydes à Paris,
Presidens Tresoriers de France, & Generaux des
Finances des Generalitez du ressort de nosdites
Cours, que chacun endroit soy, ils facent lire, pu-
blier & registrer nostre present Edict, & le con-
tenu en iceluy, faire inuiolablement garder & ob-
seruer, sans permettre qu'il soit mis ny donné au-
cun empeschement au contraire, nonobstant op-
positions ou appellations quelconques, pour lesquelles & sans preiudice d'icelles ne voulons estre

differé:& dõt si aucunes interuiennent,Nous auons retenu & reserué la cognoissance à Nous & à nostre Conseil d'Estat , & icelle interdite à toutes nos autres Cours & Iuges. CAR tel est nostre plaisir. Et afin que ce soit chose ferme & stable à tousiours,nous auons fait mettre & apposer nostre seel à cesdites Presentes, sauf en autre chose nostre droict , & l'autruy en toutes. DONNE' à Paris au mois de Decembre, l'an de grace 1626. Et de nostre regne le dix-septiesme. Signé , LOVIS, Et plus bas, Par le Roy, DE LOMENIE. Et à costé, VISA. Et scellé du grand seau de cire verte sur lacs de soye rouge & verte. Et au dessous est écrit:

Leu,publié & registré en la Chambre des Comptes , ce consentant le Procureur General du Roy , du tres-exprés commandemēt de sa Majesté, & oüy la creance d'aucuns des Conseillers, Presidens & Maistres en icelle,pour auoir lieu pour les Offices y specifiez , suiuant l'Arrest de ce fait,les deux Bureaux assemblez le 23. Decembre 1626. Signé, BOVRLON.

Lettres de Iußion à la Cour des Aydes sur ledit Edict.

LOVIS, par la grace de Dieu, Roy de France & de Nauarre, À nos amez & feaux Conseillers, les Gens tenans nostre Cour des Aydes à Paris, Salut. Ayant pour la commodité de nos Officiers des Bureaux des Tresoriers Generaux de France, & de nos Elections, & aussi des acquereurs de diuers droicts que nous auons alienez,creé en tiltre d'Offices formez, des Receueurs & Payeurs des gages & droicts des Tresoriers Generaux de Fran-

ce , des Officiers des Elections & des Particuliers
qui ont acquis lesdits droicts par nous alienez, sur
nos Tailles , Creuës & autres deniers tant ordinaires qu'extraordinaires qui se leuent sur nôs subjets,
aux gages , droicts , taxations , exemptions & priuileges portés par nostre Edict du mois de Decembre 1626. Nous vous l'aurions addressé pour le
verifier & faire registrer, afin que nous peussiôs estre
prôptement secourus au besoin que nous en auons:
mais au lieu de ce faire , vous auriez par vostre Arrest du 23. Auril 1627. dit ne pouuoir entrer en la
verification desdites Lettres: ce qui nous auroit dô-
né sujet de vous enuoyer incontinent nos Lettres
Patentes en forme de mission du 23. desdits mois &
an , par lesquelles nous vous aurions mandé de faire
registrer ledit Edict, sans remise ne modificatiô, esti-
mant que vous auriez égard aux iustes causes & rai-
sôs, qui nous auroiét meu de le faire. Neâtmoins par
vostre Arrest du 20. iour de May dernier, vous auriez
declaré, ne vous pouuoir separer de vostre dit Arrest
du 23. iour d'Auril dernier; En quoy faisât vous nous
priuez de l'assistâce que nous nous en estiôs promis,
& nous rendez inutiles toutes les assignations que
nous auions dônées, pour dépenses tres-pressées, sur
les deniers qui en prouiendroient: ce qui met vn tel
desordre en nos affaires, que nous auions tout sujet
de nous plaindre du peu de consideration que vous
apportez à ce qui nous touche de si prés: A quoy de-
sirant pouruoir, & que la creation desdits Offices ait
lieu, Nous de l'Advis de nostre Conseil , où
estoiét la Royne nostre tres-honorée Dame & Mere , plusieurs Princes & autres grands & notables
Personnages; Et de nostre certaine science pleine
puissance & authorité Royale, Vous mandons, or-

donnons, & tres-expreſſément enjoignons par ces
Preſentes ſignées de noſtre main; Que ſãs vous arrê-
ſter à voſdits Arreſts de refus, ny aux motifs d'iceux,
Vous ayez, tous affaires ceſſans & poſtpoſez, à proce-
der à l'enregiſtremét de noſtre dit Edict du mois de
Decembre 1626. portant la creation deſdits Offices
de Receueurs Payeurs des gages & droicts des Of-
ſiciers des Bureaux des Treſoriers Generaux de
France, des Elections & des autres Particuliers qui
ont acquis leſdits droicts alienez, ainſi qu'il eſt porté par ledit Edict, ſans plus y apporter de refus, re-
miſes ou difficulté, ny attendre de nous autre man-
dement que ceſdites Preſentes, qui vous ſeruiront
de derniere & finale Iuſſion pour ce regard. CAR tel
eſt noſtre plaiſir, nonobſtant tous Edicts, Arreſts,
Reglemens, & choſes à ce contraires; auſquelles
nous auons dérogé & dérogeons par ceſdites Preſentes, & aux dérogatoires y cõtenuës, enjoignant à
noſtre Procureur General d'en faire les pourſuittes
& requiſitions neceſſaires, en telle ſorte que nous
en ayons contentement. DONNÉ à Paris le 14. iour
de Iuin, l'an de grace 1627. Et de noſtre regne le
dix-huictiéme. Signé, LOVIS. Et plus bas, Par
le Roy, DE LOMENIE. Et ſeellé du grand ſeau de
cire jaune parchemin pendant & contreſcellé. Et
au deſſous eſt écrit:

*Leu, publié & regiſtré par le commandement du Roy,
porté par Monſieur Frere ynique dudit Seigneur, aßiſté
du ſieur de Bellegarde, Cheualier des Ordres de ſa Majeſté, & des ſieurs de Champigny & de Leon, Conſeillers
en ſes Conſeils d'Eſtat & Priué, Oüy, & ce conſentant le
Procureur General de ſadite Majeſté. A Paris en la
Cour des Aydes les Chãbres aſſemblées le 28. Iuin 1627.*

Signé, *DE LAISTRE.*

9 782329 241135